Dekoratives Stempeln

Dekoratives Stempeln

Sasha Dorey

*

Fotografien von

Marie-Louise Avery

arsEdition

Dieses Buch ist

William und Bella

gewidmet.

First published in 1995 by George Weidenfeld & Nicolson Ltd
The Orion Publishing Group, Orion House,
5 Upper St. Martin's Lane, London WC2H 9EA

01 00 99 98 97 5 4 3 2 1

Titel der Originalausgabe: *The Decorative Stamping Book*
Aus dem Englischen von Claudia Daiber
Gestaltung: Janet James
Printed and bound in Italy · 3-7607-1198-7

Danksagung

Die Autorin möchte den folgenden Personen für ihre Mithilfe bei der Realisation dieses Buches danken: Mary Baker, Becca und Bruno Charron, Jon Dorey, Fancy und Blossom, Marion Field, Lorna und David Haines, Matthew Hardy, Wendy Hopkins, Anna Macmiadhachain, Dean Slavin, John und Emma Strange, Neil Thompson und Cathy Veale.

INHALT

✶

EINFÜHRUNG 6
MATERIAL UND TECHNIK 9

EINS
STEMPELN AUF SCHREIBWAREN UND PAPIER 24

ZWEI
WOHNRÄUME 42

DREI
SPEISEZIMMER 50

VIER
KÜCHEN 56

FÜNF
SCHLAFZIMMER 64

SECHS
BADEZIMMER 72

SIEBEN
KINDERZIMMER 80

VORLAGEN 90
BEZUGSADRESSE 96

Einführung

✶

Stempeldruck eröffnet Ihnen neue Dimensionen der Heimdekoration, denn kaum ein anderes Gestaltungsmittel läßt so viel Freiraum für die Realisation eigener Ideen. Sie können nicht nur selbst die unterschiedlichsten Stempel herstellen, beispielsweise aus einer einfachen Kartoffel oder einem Haushaltsschwamm, sondern auch Stempel kaufen oder anfertigen lassen. Und das wachsende Angebot an Farben macht es möglich, beinahe jeden Untergrund zu bedrucken – ob Holz, Stoff, Papier oder Keramik. Das heißt, alle Elemente eines Raumes können, wenn Sie es möchten, mit passend aufeinander abgestimmten Motiven bedruckt werden. Wände, Vorhänge, Möbel und Accessoires werden so zur Spielwiese Ihrer Kreativität und zu einem Dokument Ihres persönlichen Geschmacks.

Obwohl die Trends im Bereich Inneneinrichtung nicht so schnell wechseln wie in der Bekleidungsindustrie, ändern sie sich doch merklich. Mit Stempeldruck können Sie Ihre Wohnung wieder auf Vordermann bringen, egal ob Sie ein modisches Motiv wählen, mit dem Sie einen ganzen Raum schmücken, oder ob Sie nur einige Möbel damit verzieren.

Der Reiz des Stempelns liegt in seiner Einfachheit: Es geht schnell, ist originell und nicht teuer. Sie müssen nicht einmal über ein besonders ausgeprägtes künstlerisches Talent verfügen. Falls Ihnen die Herstellung von Stempeln zu mühselig erscheint, können Sie die meisten Motive, die in diesem Buch abgebildet sind, über den Versandhandel bestellen (siehe Seite 96). Mit einer Grundausstattung, bestehend aus einigen wenigen Stempeln, Farbe und einem Pinsel, werden Wände, Stoffe und Möbel dekoriert, Geschenkpapier und Karten entworfen, alte und brüchige Fliesen aufgemöbelt oder Küchenutensilien dem neuen Design Ihrer Küche angepaßt. Wie dieses Buch beweist, sind den Möglichkeiten keine Grenzen gesetzt.

RECHTS: MOTIVE AUF VERSCHIEDENEN UNTERGRÜNDEN VERSTÄRKEN DIE GESAMTWIRKUNG.

Material und Technik

Bevor Sie Ihr erstes Projekt in Angriff nehmen, lesen Sie bitte die folgenden Seiten aufmerksam durch. Sie erfahren alles über die Herstellung von Stempeln und die Eigenschaften der verschiedenen Untergründe: Stoff, Holz, Keramik und Papier.

LINKS: FÜR DEN STEMPELDRUCK BRAUCHEN SIE NUR WENIG MATERIAL.

Das Auftragen der Stempelfarbe

Es gibt verschiedene Möglichkeiten, Farbe auf einen Stempel zu bringen: Am häufigsten nimmt man dafür ein Stempelkissen oder einen Roller. Die zweite Methode ist vielseitiger und sparsamer, weshalb sie in diesem Buch angewandt wird, wenn nichts anderes erwähnt ist. Natürlich haben Stempelkissen auch ihre Berechtigung: Mit ihnen kann man schnell und sauber arbeiten, und sie sind vor allem für Kinder ideal.

Statt eines Rollers kann man auch mit einem Pinsel oder einem Stückchen Schwamm die Farbe auf den Stempel auftragen. Sie wird auf einem nicht zu kleinen Teller, einer Palette oder einem Kunststoffdeckel angerührt.

1

Geben Sie ein wenig Farbe auf einen Teller oder eine Palette. Wenn Sie Farbe aus der Tube verwenden: Einen großen Tropfen herausdrücken und mit Wasser oder Verdünner anrühren, je nachdem, ob die Farbe wasser- oder benzinlöslich ist.

SIE BRAUCHEN

Farbe

Teller oder Farbpalette

Roller

Stempel

2

Nun bringen Sie die Farbe auf den Roller: Den Roller in die Farbe tauchen und auf dem Teller hin und her bewegen, bis sich die Farbe gleichmäßig verteilt hat. Die Farbe soll weder heruntertropfen, noch dürfen Klümpchen am Roller kleben.

3

Mit dem Roller zwei- bis dreimal über den Stempel rollen, bis er gut mit Farbe bedeckt ist. Jetzt können Sie mit dem Stempeln beginnen. Vielleicht finden Sie, daß Sie nach jedem Stempeln frische Farbe auftragen sollten. Wenn es Sie nicht stört, daß der Druck ein bißchen schwächer wird, können Sie zwei- bis dreimal stempeln, ohne frische Farbe aufzutragen.

Ein Stempelkissen herstellen

Wenn Sie keinen geeigneten Roller finden oder wenn Sie generell lieber mit einem Stempelkissen arbeiten, können Sie dieses selbst herstellen.

Mit einem Stempelkissen läßt sich zwar die Farbe leicht auf einen Stempel auftragen, aber der Farbauftrag wird nie so dicht wie mit einem Roller. Sie können jede wasserlösliche Farbe benutzen, auch Stoffarbe oder pastose Farbe in Tuben; letztere müssen Sie allerdings mit Wasser verdünnen, damit sie in den Schwamm eindringen kann.

Als Gefäß für das Stempelkissen eignet sich eine Plastikbox mit Deckel, wie man sie beispielsweise auch für Nahrungsmittel verwendet, denn in ihr trocknet die Farbe nicht so schnell aus. Der Schwamm sollte nicht zu fest sein, am besten nimmt man einen normalen Haushaltsschwamm.

1

Einen Schwamm entsprechend der Größe der Box zurechtschneiden, er muß fest in der Box sitzen. Den Schwamm sorgfältig mit einem Stück dünnem Baumwollstoff umwickeln und in die Box drücken.

SIE BRAUCHEN

Schwamm

Schere

Kunststoffbehälter

dünnen Baumwollstoff

Farbe

Löffel aus Metall

Stempel

2

Die Farbe auf das Stempelkissen geben (pastose Farbe vorher mit Wasser verdünnen) und mit einem Löffel aus Metall gleichmäßig verteilen, bis der Schwamm die Farbe vollkommen aufgesogen hat.

3

Den Stempel leicht auf das Kissen drücken, damit er die Farbe aufnimmt. Eventuell müssen Sie das einige Male wiederholen, bis die Stempelfläche gleichmäßig mit Farbe bedeckt ist.

SO ENTSTEHT EIN KARTOFFELSTEMPEL

Ein Kartoffelstempel ist schnell hergestellt und sicher der gebräuchlichste Stempel überhaupt, schließlich hat fast jeder Kartoffeln in Vorrat und ein Messer in der Schublade. Die Größe des Motivs, das Ihnen vorschwebt, bestimmt die Größe der Kartoffel, die Sie dafür nehmen müssen.

Wenn Sie zum ersten Mal einen Kartoffelstempel herstellen, wählen Sie ein einfaches Motiv, beispielsweise ein Herz oder einen Stern. Das Schneiden des Stempels ist nicht schwer, dennoch sollten Sie vorsichtig sein, denn das Messer kann leicht ausrutschen.

Ein Kartoffelstempel kann problemlos abgewaschen werden, so daß Sie ihn für verschiedene Farben benutzen können. Er hält bis zu fünf Tage, wenn Sie ihn nach dem Gebrauch in einer Papiertüte (keine Plastiktüte) in den Kühlschrank legen.

1

Ein einfaches Motiv zeichnen oder aus diesem Buch abpausen (Seite 90-95), auf dünnen Karton übertragen und ausschneiden. Eine Kartoffel halbieren und die Schablone auf eine Hälfte legen. Die Umrisse der Schablone mit einem wasserfesten Filzstift nachzeichnen.

SIE BRAUCHEN

Pauspapier oder Transparentpapier

Bleistift

dünnen Karton

Schere

Kartoffel

Schnitzmesser oder spitzes Küchenmesser

wasserfesten Filzstift

Stempelkissen

Farben

kleinen Roller oder Pinsel

2

Die Kartoffel in eine Hand nehmen, die Hand auf dem Tisch abstützen. Mit einem Schnitzmesser zunächst vorsichtig die Umrißlinien des Motivs nachziehen. Dann Stück für Stück die Stellen außerhalb des Motivs herausschneiden, damit sich das Motiv reliefartig erhebt.

3

Bei einem Stempelkissen den Stempel erst dort und dann auf die gewählte Unterlage aufdrükken. Oder die Farben mit einem kleinen Roller (Seite 10) oder einem Pinsel auftragen und dann stempeln.

Ein Schwamm wird zum Stempel

Die meisten von uns haben einen Schwamm im Haus – ob in der Küche oder im Bad, für das Make-up oder für die Autowäsche. Einige Haushaltsschwämme haben eine rauhe Seite zum Reinigen von Pfannen oder Töpfen, die sich hervorragend zum Greifen des Stempels eignen.

Neben einem normalen Haushaltsschwamm können Sie auch Schaumgummi benutzen. Sie erhalten es in unterschiedlichen Dicken in Bastelläden oder beim Polsterer. Sogar ein Radiergummi kann als Stempel dienen, wenn er sich auch nur für sehr kleine Motive anbietet.

Die Textur eines Schwammes bestimmt die Dichte eines Drucks. Ist ein Schwamm sehr offenporig, wird der Druck gesprenkelt (marmoriert), dagegen ergibt ein Kosmetikschwamm einen kompakteren Abdruck, weil er feinporiger ist. Die Abbildung rechts oben zeigt Stempel aus verschiedenen Schwämmen, die entweder mit einer scharfen Schere (vor allem für weiche Schwämme) oder mit dem Bastelmesser zurechtgeschnitten wurden. Stempel aus Schwämmen werden auf dieselbe Weise hergestellt wie Kartoffelstempel.

Schwierige Motive lassen sich am einfachsten aus dickem Filz herstellen. Wählen Sie ein Motiv aus, und übertragen Sie es auf Papier. Ausgeschnitten wird es auf ein Stück Filz geheftet. Entlang dieser Schablone schneiden Sie das Motiv aus und kleben es mit Alleskleber auf ein Stück dicken Karton, bei kleinen Motiven auf einen Korken. Diesen Stempel können Sie nur für eine Farbe benutzen, denn er ist nicht waschbar.

Schwammtechnik

Einen hübschen Effekt konnen Sie erzielen, wenn Sie auf einen mehrfarbigen, mit einem Schwamm aufgetragenen Untergrund stempeln.

1

Für die Grundierung mit einem echten oder künstlichen offenporigen Schwamm die Farbe leicht auftupfen und antrocknen lassen.

2

Einen anderen Schwamm in eine zweite Farbe drücken, über die erste Farbe tupfen, trocknen lassen.

3

Nun das Muster mit einem Stempel aus Schaumstoff oder aus Gummi auftragen.

Wände mit Stempeln verzieren

Matt gestrichene Wände sind der ideale Untergrund für Stempel, denn sie sind eben und nicht zu glatt, so daß der Stempel nicht verrutscht, wenn Sie ihn aufdrücken. Sie können jeden beliebigen Stempel verwenden, aber elastische Stempel eignen sich am besten. Auch bei der Wahl der Farben sind Ihnen keine Grenzen gesetzt. Sie können Wandfarben, Wasserfarben, Stempelfarben, Druckfarben und sogar Ölfarben nehmen.

Das Stempeln auf seidenmatten Anstrichen erfordert etwas mehr Konzentration, denn die Oberfläche ist schlüpfrig. Fehler können aber einfach mit einem feuchten Stückchen sauberem Stoff weggewischt werden. Noch schwieriger ist das Bedrucken von Glanzfarbe und Lack. Auch hier verrutscht der Stempel leicht auf der glatten Oberfläche. Mit einer ruhigen Hand meistern Sie aber auch dieses Problem.

Wenn Sie auf einen perfekten Druck Wert legen, beseitigen Sie vorher alle Risse und Löcher in der Wand mit einem Füllmaterial. Bevorzugen Sie dagegen einen eher rustikalen Stil, können rauhe Stellen und unterschiedliche Textur einer Wand interessante Akzente setzen. Eine glatte Tapete, egal ob bedruckt oder unbedruckt, kann ohne Probleme bedruckt werden. Stempeldruck wirkt auf einer Tapete feiner als auf einer gestrichenen Wand.

Die Planung

Jeder arbeitet auf seine Weise. Der eine bereitet alles sorgfältig vor, füllt Löcher, schmirgelt und mißt mit Wasserwaage und Lot; der andere verläßt sich lieber auf sein Augenmaß und ist glücklich, wenn er ohne jede Vorbereitung beginnen kann. Letzteres ist dann angebracht, wenn kleine Unregelmäßigkeiten den Charakter des Objektes unterstreichen sollen. In vielen Fällen werden Sie jedoch Ihre Stempel in gleichen Abständen anbringen müssen.

Wenn Sie nicht auf absolut gerade Linien Wert legen oder wenn Sie keine Wasserwaage besitzen und sich auch keine anschaffen wollen, dann können Sie zum Ausmessen auch ein Stück Band oder Schnur nehmen. Schneiden Sie die Schnur so zu, daß die Länge den Abständen zwischen den Stempeln entspricht. Beginnen Sie mit dem Markieren in einer Zimmerecke unter der Decke. Markieren Sie mit einem Zeichen, wo Sie den ersten Stempel plazieren wollen. Halten Sie ein Ende der Schnur auf diesen Punkt, und ziehen Sie die Schnur straff gespannt parallel zur Decke. Markieren Sie die Stelle am anderen Ende der Schnur. Arbeiten Sie auf diese Weise weiter, bis Sie an der gegenüberliegenden Ecke ankommen. Gehen Sie zurück zur ersten Markierung. Messen Sie senkrecht nach unten, dann wieder waagerecht: So erhalten Sie gleichmäßig angeordnete Reihen für die Stempel.

Wenn Sie die Stempel versetzt anordnen möchten, wie in der Abbildung rechts zu sehen, schneiden Sie ein Stück Schnur ab, das halb so lang ist wie die andere Schnur. Damit messen Sie den Abstand für die erste Markierung der versetzten Reihen.

Auf Stoff stempeln

Stoffarben sind in Bastel- oder Schreibwarengeschäften erhältlich. Es gibt sie in vielen Farben, einschließlich fluoreszierenden, metallischen oder Glitterfarben. Farben gleicher Zusammensetzung können Sie untereinander mischen, bis Sie den gewünschten Ton erhalten. Einige dieser Farben müssen durch Bügeln (auf der linken Seite) fixiert werden.

Auf Stoff benutzen Sie vorzugsweise einen harten Stempel (am besten einen gekauften), denn Sie müssen den Stempel fest aufdrücken, damit der Farbabdruck auch satt und gleichmäßig wird. Wählen Sie fein gewebte Stoffe ohne Struktur, denn je dichter der Stoff gewebt ist, desto schöner wird der Farbabdruck. Hervorragend geeignet sind mercerisierte Baumwollstoffe, Seide und einfarbige Stoffe für Bettwäsche. Letztere sind sehr günstig, und es gibt sie in Sonderbreiten. Wenn Sie auf einem stark strukturierten Stoff stempeln, erscheint der Druck unvollständig, und Sie müssen ihn eventuell von Hand ausbessern.

Waschen und bugeln Sie den Stoff, bevor Sie mit dem Stempeln beginnen. Legen Sie ihn auf eine ebene und harte Unterlage. Wenn Sie an einem kleinen Stoffstück arbeiten, befestigen Sie es mit Klebeband auf der Arbeitsfläche. Auf Stoff können Fehler leider nicht einfach weggewischt werden, deshalb sollten Sie an einem Stückchen Reststoff üben, bevor Sie beginnen.

Markieren Sie die Stellen, an denen die Stempel plaziert werden sollen, mit Schneiderkreide, sie kann anschließend wieder ausgebürstet werden. Kleine Stoffstücke müssen Sie nicht unbedingt markieren, vor allem, wenn Sie sich auf Ihr Augenmaß verlassen können. Mit Stoffarbe bedruckte Gewebe können auch in der Waschmaschine gewaschen werden. Halten Sie sich dabei an die Anweisungen des Herstellers.

LINKS UND OBEN: STOFFARBEN ERHALTEN SIE IN VIELEN VERSCHIEDENEN TÖNEN. BEDRUCKEN SIE DAMIT AM BESTEN GLATTE ODER NUR WENIG STRUKTURIERTE STOFFE.

Auf Holz stempeln

Möbel sind ebenso dem Wandel und dem Einfluß der Mode unterworfen wie alle anderen Gegenstände des täglichen Lebens, wenn auch der Wechsel hier nicht so rasant vonstatten geht wie etwa bei der Bekleidung. Mit einem neuen Anstrich in einer modischen Farbe und einem schönen Druck kann ein Möbelstück wieder aufgefrischt werden. Und wenn Sie diese Farbe irgendwann nicht mehr mögen, bemalen Sie es einfach von neuem.

Viele Möbel sind bereits gestrichen, so daß Sie nicht direkt auf Holz, sondern auf die Farbe oder den Lack stempeln. Wie bei Wänden (Seite 14) können Sie auch bei Holz auf jede Farbe drucken, wenngleich ein glatter Anstrich eine sicherere Hand erfordert. Sie können Stempel-, Deck-, Acryl- und Ölfarben benutzen. Überziehen Sie die Oberfläche nach dem Stempeln mit einem matten Lack (vor allem, wenn das Möbelstück stark strapaziert wird), damit das Muster länger haftet. Besonders effektvoll wirken Stempel auf Holzböden. Sie können den Boden entweder vorher anstreichen und dann darauf stempeln (Seite 75), oder Sie stempeln direkt auf unbehandeltes oder transparent lackiertes Holz. Auch der Boden muß nach dem Stempeln mit einer oder zwei Schichten Lack geschützt werden.

Wenn Sie auf blankem, unbehandeltem Holz stempeln, dringt die Farbe wie eine Beize schnell in den Untergrund ein. Dies hat den Nachteil, daß die Farbe nicht so leicht wieder weggewischt werden kann. Ist Ihnen ein Fehler unterlaufen, nehmen Sie schnell soviel Farbe weg wie möglich und schmirgeln dann die Reste mit Sandpapier ab.

Bei einem gewachsten Holz müssen Sie das Wachs vorher mit Spiritus entfernen, anschließend schmirgeln Sie die Oberfläche mit feinem Sandpapier. Wenn Sie ein stark mitgenommenes Möbelstück bedrucken wollen, füllen Sie Löcher und Risse zuerst mit einer Holz-Füllmasse. Die getrocknete Masse müssen Sie anschließend glattschmirgeln.

RECHTS UND OBEN: SIE KÖNNEN UNBEHANDELTES UND BEMALTES HOLZ BEDRUCKEN.

AUF PORZELLAN UND KERAMIK STEMPELN

Nur wenige besitzen einen Brennofen oder haben Zugang zu einem solchen Gerät. Deshalb haben sich sogenannte kalte Porzellanfarben durchgesetzt, die nicht gebrannt werden müssen. Geschirr, das mit diesen Farben bedruckt wurde, kann nur von Hand und nicht in der Geschirrspülmaschine gespült werden. Wenn die Dekoration haltbarer sein soll, nehmen Sie Farben, die Sie im Backofen bei 180 Grad etwa 10 Minuten oder nach Anweisung des Herstellers »brennen«. Diese Farben erhalten Sie im Bastelladen. Sie haften auf jeder Glasur, aber sie sind nicht für Gefäße geeignet, die mit dem Mund in Berührung kommen.

Stempel aus Schaumstoff sind ideal für das Bedrucken von Keramik, denn sie rutschen auf der glasierten Oberfläche nicht so leicht weg, außerdem läßt sich mit ihnen auch auf gerundeten Oberflächen drucken. Die Dichte von Schwamm oder Schaumstoff bestimmt die Qualität des Drucks: je dichter das Material, desto klarer das Motiv.

Wenn Sie Fliesen an einer Wand bedrucken möchten, müssen Sie kalte Porzellanfarben nehmen, denn Sie können die Fliesen nicht in den Backofen geben. Wollen Sie einfarbige Fliesen mit einem Motiv schmücken, stempeln Sie direkt auf die Fliesen. Kalte Porzellanfarben können mit einem Lösungsmittel entfernt und Fehler somit sofort korrigiert werden. Mit diesem Lösungsmittel werden auch der Stempel und der Applikator gereinigt, weshalb Sie zum Auftragen der Farbe auf den Stempel besser einen Pinsel als einen Roller benutzen. Bei einem Roller würden Sie schon bei der ersten Reinigung den gesamten Verdünner aufbrauchen.

Wenn Sie gemusterte Fliesen verändern wollen, müssen Sie diese erst bemalen. Es gibt keine spezielle Fliesenfarbe, aber feste Bodenfarbe ist sehr robust und haltbar; sie kann direkt auf die Fliesen aufgetragen werden. Ist die Farbe getrocknet, können Sie darauf stempeln.

LINKS: PORZELLANFARBE KANN NUR ZU DEKORATIONSZWECKEN BENUTZT WERDEN. SIE DARF NICHT MIT DEM MUND IN KONTAKT KOMMEN.

Auf Papier stempeln

Papier ist das vielfältigste Material zum Bedrucken, denn Sie können jede Farbe oder Tinte, jede Art von Stempel und auch jede Sorte Papier benutzen. Papeterien und Schreibwarengeschäfte halten eine große Auswahl an schönen und interessanten Papierarten und Produkten aus Papier bereit, und mit etwas Phantasie lassen sich daraus wunderschöne Karten und andere Schreibwaren zaubern. Wählen Sie zwischen strukturierten, handgeschöpften Papieren, farbigem Karton, Seidenpapier oder Kreppapier: Jedes Papier hat seine eigene spezifische Qualität. Produkte aus Recycling-Pappe sind gerade hochmodern und eignen sich besonders gut zum Bedrucken. Sie können verschiedene Objekte aus diesem Material fertig kaufen wie Tabletts, kleine Papierkörbe und Hutschachteln, sie müssen nur noch verziert werden.

RECHTS: PAPIER IST DAS GEBRÄUCHLICHSTE UND VARIABELSTE MATERIAL, DAS SIE BEDRUCKEN KÖNNEN.

Prägen

Eine Prägung ist für außergewöhnliche Gelegenheiten besonders geeignet: Sie gibt Geschenkanhängern, Einladungen, Anzeigen und Karten das gewisse Etwas. Und so wird es gemacht:

SIE BRAUCHEN

Prägetinte

Stempelkissen

Stempel

Prägepulver

1

Die Prägetinte auf ein trockenes Stempelkissen geben und mit der Tülle des Tintenfäßchens einmassieren, bis sie vollständig aufgesogen ist. Den Stempel erst auf das Kissen und dann auf die Karte drücken.

2

Sofort Prägepulver auf die Tinte streuen, überschüssiges Pulver entfernen. Das Motiv über eine Heizquelle halten, beispielsweise ein heißes Bügeleisen oder einen Toaster. Das Pulver schmilzt und bildet ein erhabenes Muster.

EINS

Stempeln auf Schreibwaren und Papier

Ob Grußkarten, Briefpapier, Einladungen oder andere Objekte aus Papier wie Fotorahmen, Geschenkpapier oder Schachteln, es gibt zahlreiche Möglichkeiten, Ihre Stempel einzusetzen. Auf den folgenden Seiten finden Sie auch Vorschläge für die Gestaltung von Tischdekorationen: Schmücken Sie Ihre Weihnachtstafel mit selbstbedruckten Servietten, Sets und Tischkarten. Sorgen Sie für eine fröhlich-bunte Dekoration bei der nächsten Kinderparty: Ihre kleinen Gäste werden von den bedruckten Tischtüchern, Tassen und Tellern mit lustigen Motiven in frischen, frechen Farben begeistert sein.

GRUSSKARTEN

Selbstgemachte Karten und Schreibwaren sind einzigartige Unikate und deshalb von besonderem Wert. Sie werden bei der Herstellung Ihrer Karten ebensoviel Freude empfinden wie diejenigen, die sie erhalten. Nehmen Sie ein strukturiertes Reycling-Papier und einen einfachen Stempel. Wenn Sie beispielsweise zwei oder mehr unterschiedlich große Papiere aufeinanderkleben und ein goldenes Herz in die Mitte stempeln, haben Sie eine schnell hergestellte und geschmackvolle Valentinskarte. Für andere Gelegenheiten tauschen Sie einfach das Motiv aus. Selbstbedrucktes Briefpapier kann mit einem Einzelmotiv, einer Bordüre oder einer Kombination aus beidem geschmückt sein. Passend bedruckte Briefumschläge runden das Set ab.

Kinder haben einen Riesenspaß beim Entwerfen ihrer eigenen Stempel, mit denen sie die Einladungen zu ihrem Geburtstag schmücken können. Tiermotive sind hübsch und sehr beliebt und können sowohl von Erwachsenen wie auch von Kindern benutzt werden.

LINKS: EINFACHE, PRÄGNANTE MOTIVE AUF WUNDERSCHÖNEN NATURPAPIEREN SIND DIE ZAUBERFORMEL FÜR ORIGINELLE GRUSSKARTEN.

Geschenkpapier, hübsche Kartons und Taschen

Die Verpackung von Geschenken wird immer raffinierter, einfallsreicher und gewagter. Praktisch ist es, immer einen Vorrat an diversen Verpackungsmaterialien für jede Gelegenheit griffbereit zu haben. Allerdings kann solch eine Sammlung ein Vermögen kosten.

Eine preiswerte und originelle Alternative ist eine Schublade voller Seidenpapier und eine Stempel-Ausrüstung. Auch andere Papiere kommen in Frage; warum nicht ein goldenes Motiv auf eine alte Zeitung stempeln? Oder es soll besonders schnell gehen? Stempeln Sie mit einem Weinkorken und einer beliebigen Farbe auf Packpapier oder einem Comic. Sie können auch ein Band bemalen, mit dem Sie das Päckchen verschnüren. Wirklich spektakulär wirkt Ihr Geschenk, wenn Sie es zum Schluß noch in Cellophan verpacken.

Bewahren Sie braune und weiße Papiertüten auf; mit goldenen oder silbernen Motiven können Sie daraus wunderschöne Geschenktüten basteln. Oder sammeln Sie Schuhschachteln, die – von Ihnen bedruckt – eine preiswerte Alternative zu den in Warenhäusern erhältlichen Geschenkkisten darstellen.

OBEN UND RECHTS: EINE AUFWERTUNG ERFAHREN GESCHENKE DURCH AUFWENDIGE UND FARBENFROHE VERPACKUNGEN.

Invitation
vitation

EINLADUNGEN UND ANZEIGEN

Selbstgemachte Einladungskarten haben gegenüber gekauften Karten den Vorteil, daß sie dem Anlaß perfekt angepaßt werden können. Sie können sehr edel wirken, wenn metallene Farben benutzt werden oder Präge-Pulver aufgetragen wird (Seite 22). Sie erhalten so professionell aussehende und dennoch individuelle Karten.

Aufgrund des kleinen Formats benötigen Sie für solche Projekte sehr feine Stempel. Einfache Motive können Sie selbst zuschneiden, doch wünschen Sie detailreichere Verzierungen, empfiehlt es sich, den Stempel mit Motiven Ihrer Wahl bei einem Stempelhersteller oder in einem Schreibwarengeschäft in Auftrag zu geben. Es gibt sogar Stempel, mit denen Sie die gesamte Einladung inklusive Text und Rand in einem einzigen großen Stempel drucken können. Dasselbe gilt für Geburtsanzeigen, Menükarten oder Adressenänderungen.

Eine einfache Karte mit einer hübschen Bordüre oder einem prägnanten Motiv und Ihrem Namen, Ihrer Adresse und Telefonnummer können Sie gleich in einer größeren Stückzahl herstellen und bei vielen Anlässen verwenden. Auch Briefpapier erhält so eine persönliche Note.

Sie müssen sich nicht damit begnügen, Motive am oberen oder unteren Rand oder um die Ecken einer Karte aneinanderzureihen. Bei einigen Karten auf der Abbildung links wurden einfach einzelne Motive in der Mitte der Karte gedruckt oder eine eher abstrakte Bordüre am oberen Rand angebracht. Letztere sind achsensymmetrisch: die linke Hälfte ist spiegelbildlich zur rechten Seite.

LINKS: OB KLASSISCH, ROMANTISCH ODER VERSPIELT – SELBSTGEMACHTE EINLADUNGEN SPIEGELN DIE PERSÖNLICHKEIT DES GASTGEBERS.

BILDERRAHMEN

Fotos von Familie oder Freunden, die persönliche Erinnerungen wachrufen, verlangen einen schönen Rahmen. Dasselbe gilt auch für Grußkarten, wenn sie besonders attraktiv sind oder wenn sie von jemandem stammen, der uns sehr wichtig ist. Und warum sollten Sie nicht ein Bild in der Art der auf den Seiten 26/27 gezeigten Karten gestalten und es in einen originellen und hübschen Rahmen stecken? Es kostet nicht sehr viel, wenn Sie sich ein Passepartout in einem Geschäft für Bilderrahmen zuschneiden lassen. Manchmal werden auch Passepartout-Reste zu reduzierten Preisen verkauft. Alternativ können Sie sich Ihr Passepartout selbst aus einem festen Karton schneiden; benutzen Sie dafür ein scharfes Bastelmesser und ein Geodreieck oder ein Lineal. Bedrucken Sie diesen Rahmen mit einigen einfachen Motiven, lassen Sie sich dabei von der Abbildung rechts inspirieren.

Welche Motive und Farben Sie wählen, hängt vom Stil und der Farbe Ihrer Fotografie ab. Für offiziellere Aufnahmen wie Hochzeits- oder Tauffotos werden Sie eher ein vornehmes Motiv wählen, beispielsweise eine Lilie oder einen Stern. Zum Drucken eignet sich goldene oder silberne Farbe.

Handelt es sich um Schnappschüsse Ihrer Kinder, wählen Sie doch einen Kreis, wie rechts gezeigt; er wurde mit einem Weinkorken und Goldfarbe aufgestempelt. Damit der Rahmen ein bißchen lebendiger wirkt, wurden vorher lila Rauten mit einem Schaumgummi-Stempel aufgedruckt. Die Kombination dieser beiden einfachen Motive ist erstaunlich effektvoll.

Auch Efeuranken ergeben einen hübschen Rahmen. Das Motiv ist rechts abgebildet; der Stempel dafür wurde aus einem Stück dickem Filz ausgeschnitten und auf einen Korken geklebt (Seite 13).

RECHTS: FOTOS ODER URLAUBSSKIZZEN IN LIEBEVOLL GESTALTETEN RAHMEN HALTEN DIE ERINNERUNG AN SCHÖNE STUNDEN WACH.

CHAMPAGNE

EIN WEIHNACHTLICHER TISCH

Stempeldruck hat in der Weihnachtszeit Hochsaison. Auf der Abbildung links sehen Sie eine Tischdekoration, die mit Stempeln gestaltet wurde. Motive wie Stechpalmenzweige und Beeren, Tannenbäume, Engel und Sterne können selbst ein Papiertischtuch und Papierservietten in eine strahlende Weihnachtsdekoration für die ganze Familie verwandeln. Sie können sogar Ihre eigenen Weihnachts-Überraschungsbonbons machen. Nehmen Sie dafür Papprollen von Toilettenpapier und selbstbedrucktes Seidenpapier. Füllen Sie die Rollen mit kleinen Geschenken und Gebäck. Bevor Sie ein Tischtuch bedrucken, überlegen Sie, ob Sie lieber ein Stofftischtuch haben möchten, das Sie Jahr für Jahr wieder hervorholen können, oder ob Sie ein Papiertischtuch bevorzugen, das Sie nach dem Essen einfach wegwerfen. Wenn Ihr Geschmack sich mit der Mode ändert, ist die zweite Möglichkeit sicher die bessere, denn dann können Sie jedes Jahr ein neues Tischtuch gestalten.

Nun müssen Sie nur noch das Motiv auswählen. Eine Bordüre mit kleinen goldenen Engeln sieht sehr geschmackvoll aus, ebenso wie frei verteilte grüne Stechpalmenzweige. Sie können die Beeren von Hand hineinmalen, wie es auf der Abbildung links gemacht wurde. Bedrucken Sie die Servietten passend zum Tischtuch, eventuell auch Sets, Tisch- und Menükarten, je nachdem, wie extravagant Ihr Weihnachtsessen ist. Weitere Ideen für die Weihnachtsdekoration: Schneiden Sie ein gestempeltes Motiv aus, und hängen Sie es an den Baum, oder stempeln Sie eine Bordüre auf Papier, und schneiden Sie diese zu einer Girlande.

LINKS: STERNE, ENGEL UND STECHPALMENZWEIGE AUF WEIHNACHTLICHEM ROT, GRÜN UND GOLD ERGEBEN EINE STIMMUNGSVOLLE WEIHNACHTSDEKORATION.

EIN KINDERGEBURTSTAG

Wenn Sie das Geburtstagskind an der Dekoration für sein Fest mitwirken lassen, ist die Vorfreude um so größer. Alles was Sie brauchen, ist ein Papiertischtuch, einfarbige Pappbecher, Teller und Servietten, ungiftige Farben, einen Pinsel und einen Stempel. Ein einfacher runder Kartoffelstempel beispielsweise genügt: Drucken Sie damit verschiedene bunte Farbkreise auf, das wirkt fröhlich und beschwingt. Stempeln Sie erst eine Farbe auf. Reinigen Sie dann die Kartoffel mit einem feuchten Tuch, stempeln Sie mit der nächsten Farbe und so weiter.

In diesem Fall tragen Sie die Farbe am besten mit einem Pinsel auf den Stempel auf, denn den Pinsel können Sie schnell und ohne großen Aufwand wieder auswaschen. Verwenden Sie nur ungiftige Farben, und bedrucken Sie weder den Rand der Becher noch die Mitte der Teller.

Sie können auch ein anspruchsvolleres Stempel-Motiv wählen, das besonders gut zu Ihrem Kind paßt. Solche Lieblingsmotive wie beispielsweise Dinosaurier, Comic-Figuren oder auch Teddys sind häufig sogar als fertige Stempel zu bekommen. Sie können die Figuren auf die Ecken des Tischtuchs stempeln oder ganzflächig auf der Tischdecke verteilen. Lustig sind kleine bedruckte Party-Täschchen, Party-Hüte oder Überraschungs-Bonbons. Letztere werden auf dieselbe Weise hergestellt wie die Weihnachts-Überraschungsbonbons (vorhergehende Seite).

RECHTS: KREISE KÖNNEN MIT ALLTÄGLICHEN GEGENSTÄNDEN, BEISPIELSWEISE MIT EINEM KORKEN, AUFGEDRUCKT WERDEN.

Menu
de crevettes frites
ole Meunière
ôte de boeuf rôti
ommes Lyonnaises
Carottes Glacées
Petits Pois
Fromage
Tarte Tatin

EINE HOCHZEITSTAFEL

Ob Sie einfach nur Geld sparen wollen oder den Wunsch haben, Ihre Hochzeit individuell zu gestalten, Stempeldruck kann in beiden Fällen die richtige Lösung sein. Beginnen Sie mit den Einladungen. Verzieren Sie die Ränder mit goldenen Bordüren, oder bestellen Sie einen Stempel für die ganze Karte, inklusive Text. Bedrucken Sie damit dünnen Karton oder ein strukturiertes Papier, das Sie anschließend auf Karton aufkleben. Solche Einladungen sind bezaubernd und ungewöhnlich, vor allem, wenn die Umschläge auch noch passend dazu bedruckt werden.

Decken Sie den Tisch für ein unvergeßliches Fest. Selbstgemachte Menükarten und Tischkärtchen finden ihren Platz auf einer dem Anlaß entsprechend bedruckten Tischdecke. Auch Papiertischdecken sind geeignet, allerdings sollten sie dick und weich sein. Aufgewertet werden sie durch goldene Initialen (der Braut und des Bräutigams natürlich), kleine Herzen oder Sterne. Ein zusätzlicher Tischschmuck sind quadratische Stücke Musselin, die Sie mit goldenen oder weißen Motiven bedrucken und auf das Tischtuch legen. Bedrucken Sie Papier- oder Stoffservietten, Tischkärtchen und Menükarten mit denselben Motiven, damit sie perfekt zur restlichen Tischdekoration passen. Ganz Mutige bedrucken ihr Hochzeitskleid, die Weste des Bräutigams oder die Fliegen der Brautführer.

Gold ist die Farbe, die für eine Hochzeit sicherlich am häufigsten gewählt wird. Aber ebenso schön wirken Pastellfarben oder Weiß auf Weiß. Kleine weiße Sterne auf weißem Stoff sind ein sehr feiner und eher dezenter Schmuck, denn sie fallen kaum ins Auge – man bemerkt vor allem die Unterschiede in der Oberflächenstruktur.

LINKS: VIEL GOLD ALS DEKORATIONSELEMENT VERLEIHT DER HOCHZEITSTAFEL EINEN FESTLICHEN GLANZ.

BÜCHER VERZIEREN

Notizbücher können allen möglichen Zwecken dienen: als Kochbücher, Adreßbücher, Tagebücher oder Skizzenbücher. Gekaufte Notizbücher verlieren ihren sachlichen, unpersönlichen Charakter, wenn man sie in selbstbedrucktes Papier einbindet und – um ungebetenen Lesern Einhalt zu gebieten – mit einem schönen Band verschnürt.

Wählen Sie unter dem großen Angbot an strukturierten Papieren, oder nehmen Sie einfaches Packpapier, Seidenpapier oder einfarbiges Geschenkpapier, und bedrucken Sie es mit Motiven Ihrer Wahl. Die einfachen Sterne, die hier benutzt wurden (Abbildung rechts), ergeben ein eindrucksvolles abstraktes Muster. Vielleicht bevorzugen Sie Motive, die eher auf den Inhalt des Buches hindeuten: Blumen für ein Gartenbuch, Häuser für ein Adreßbuch, Töpfe für ein Kochbuch.

Legen Sie das Buch offen auf das Papier. Schneiden Sie das Papier zu, geben Sie einen Rand von etwa 2,5 cm an jeder Seite dazu. Schneiden Sie die Ecken ein, so daß Sie das Papier sauber um die Buchecken schlagen können. Schneiden Sie das Papier rechts und links vom Buchrücken ebenfalls bis zur Kante des Buches hin ein. Schlagen Sie die beiden so entstandenen »Zungen« nach innen um. Geben Sie etwas Sprühkleber auf die linke Seite des Papiers, legen Sie das Buch auf, und kleben Sie das Papier fest. Wenn Sie wollen, können Sie das bedruckte Papier mit einem Überzug aus selbstklebender transparenter Folie schützen. Dies empfiehlt sich vor allem für Bücher, die stark beansprucht werden wie Kochbücher oder Reisetagebücher.

Es ist wichtig, daß der Stempeldruck richtig auf Ihrem Buch plaziert ist. Schneiden Sie deshalb das Papier zu, bevor Sie es bedrucken. Sie können dann leichter bestimmen, wo die Motive hingesetzt werden müssen.

RECHTS: DIESE BEZAUBERNDEN EINBÄNDE GIBT MAN NUR UNGERN WIEDER AUS DER HAND.

ZWEI

Wohnräume

Jeder Wohnraum kann mit ein bißchen Phantasie, einem oder zwei Stempeln und einem Topf mit goldener Farbe vollkommen verwandelt werden. Auf Wänden und Vorhängen können Sie Ihrer Freude am Gestalten und Dekorieren freien Lauf lassen. Kissen, Lampenschirme und andere Details des Wohnraums fügen sich durch eine ähnliche Gestaltung harmonisch in das Gesamtbild ein.

Sonne, Mond und Sterne oder Lilien und Kronen wirken auf einer intensiven Farbe äußerst vornehm. Die Wand auf der Abbildung links wurde mit dunkelgrüner Farbe bemalt, ein ähnlicher Effekt kann mit einem kräftigen Blau, Rot oder Purpur erreicht werden. Wenn Sie eine dezentere Farbstimmung bevorzugen, betrachten Sie die Abbildung auf Seite 49.

Kissen, Vorhänge, Polster

Wenn Sie einen kräftigen Druck bevorzugen, sollten Sie Stoffe mit wenig oder keiner Struktur verwenden. Seide ist besonders geeignet; sie verlangt geradezu nach einem zusätzlichen Schmuck durch Goldfarbe. Aber Seide ist teuer und wird deshalb eher für kleinere Objekte wie Kissenbezüge oder Lampenschirme verwendet. Weichen Sie auf Kunstseide aus. Dieses Material fühlt sich zwar nicht wie Seide an, aber der Druck kommt auf ihm ebensogut zur Geltung wie auf echter Seide.

Der Vorhang auf Seite 42 ist aus einer mittelschweren indischen Baumwolle, die sich sehr gut mit Stoffarben bedrucken läßt. Selbstgemachte Kissenbezüge bedrucken Sie am besten vor dem Nähen. Falls Ihnen dann ein Fehler unterläuft, brauchen Sie nur das fehlerhafte Stück Stoff ersetzen und nicht das ganze Kissen. Da Kissen klein sind, genügt es, wenn Sie sich beim Stempeln auf Ihr Augenmaß verlassen. Oder Sie markieren die Stellen mit Schneiderkreide, die Sie anschließend ausbürsten können. Versetzte Reihen aus einem einzelnen oder mehreren Motiven sind besonders wirkungsvoll.

OBEN UND RECHTS: PASSEND ZUR ÜBRIGEN EINRICHTUNG WURDEN DIESE KISSEN MIT KLASSISCHEN MOTIVEN AUF WARMEN, KRÄFTIGEN FARBEN BEDRUCKT.

LAMPENSCHIRME

Obwohl es nicht ganz einfach ist, können Sie auch fertige Lampenschirme bedrucken. Das Problem liegt nicht so sehr in der Rundung des Schirms als vielmehr in der Tatsache, daß beim Stempeln fest aufgedrückt werden muß. So funktioniert es am besten: Legen Sie den zu bedruckenden Teil des Lampenschirms auf Ihre flach ausgestreckte Handfläche. Nun können Sie auf den Schirm stempeln, die Hand dient dabei als Stütze.

Es gibt noch eine bessere Alternative: Nehmen Sie einen Lampenschirm zum Selbermachen. Dies sind Rahmen, die mit jeder Art von Papier oder Stoff Ihrer Wahl beklebt werden können. Das Material wird also erst bedruckt und dann auf den Lampenschirm aufgeklebt. Ein großer Vorteil dabei ist, daß Sie ohne Schaden wieder von vorn beginnen können, falls Ihnen ein Fehler unterlaufen sollte. Do-it-yourself-Packungen für Lampenschirme sind mit genauen Anleitungen versehen und können in Bastelgeschäften gekauft oder beim Versandhandel bestellt werden.

OBEN UND LINKS: DIESE EDEL BEDRUCKTEN LAMPENSCHIRME KÖNNEN ZUM BLICKFANG EINES JEDEN RAUMES WERDEN.

FARBWECHSEL

Zeitgemäß, aber dennoch klassisch sind abstrakte Motive und zarte Farben. Die Wände auf der Abbildung erhielten einen blassen, gelbbraunen Anstrich. Auf die trockene Farbe wurde mit einem feuchten Tuch weiße Farbe aufgetragen: So wirken die Wände wie gekalkt. Anschließend wurden die Wände mit einem traditionellen iranischen Motiv bedruckt, das in versetzten Reihen über die ganze Fläche verteilt wurde (Seite 15). Der etwas exotisch anmutende Stil wird von dem Palmenmotiv auf den Vorhängen, dem Paisley-Muster und dem Ananasmotiv auf den Kissen unterstrichen.

Die Vorhänge wurden aus Kaliko genäht; Kaliko hat eine perfekte Struktur für Stempeldruck. Mit goldenen Motiven sehen die Vorhänge luxuriös und kostspielig aus, und sie harmonieren farblich hervorragend mit der Wand. Wie die Wände wurden auch die Vorhänge in versetzten Reihen mit nur einem Motiv bedruckt; jedoch einem anderen, damit der Gesamteindruck nicht zu eintönig wird.

Das Wand-Motiv taucht auf den Kissenhüllen wieder auf, zusätzlich wurden noch ein Paisley-Motiv, eine Ananas, kleine Elefanten und Herzen verwendet. Paisley-Motive sind erstaunlich variabel: Sie sehen in beinahe jeder Umgebung und Farbe schön aus. Hier wurde das Motiv in Gold und in Weiß gedruckt, damit der Gesamteindruck nicht zu eintönig wird.

Wenn Sie es richtig orientalisch lieben: Drucken Sie ein dunkles Paisley-Muster auf eine Wand oder einen Stoff in kräftigem Rot. Goldene, mit der Hand aufgetragene Glanzpunkte geben dem Muster noch mehr Tiefe.

RECHTS: ELEGANZ UND RUHE STRAHLT DIESER RAUM MIT SEINEN HELLEN, GEDECKTEN FARBEN UND DEN ORIENTALISCHEN MOTIVEN AUS.

D R E I

Speisezimmer

Speisezimmer als solche werden immer seltener. Viele richten in der Küche eine Eßecke ein und machen sie zu einem Platz, an dem sich die ganze Familie trifft. Der Eßtisch als Ruhepunkt in der Hektik des Alltags und als Ort der Kommunikation verdient eine besonders liebevolle Gestaltung. Gehen Sie bei der Wahl des Designs und der Farben mit Bedacht vor, denn Sie verbringen viel Zeit in diesem Raum und müssen sich darin wohl fühlen. Sanfte, abgetönte Farben sind am besten geeignet.

Die Wand des Eßzimmers auf der Abbildung links wurde mit einer feinen Bordüre aus weißen Fischen bedruckt, dies schafft eine ruhige Atmosphäre. Stempeln Sie mit hellen Farben, damit die Dekoration nicht zu dominant wirkt und Sie noch Bilder aufhängen oder Kunstobjekte aufstellen können.

Bevorzugen Sie kräftigere Farben und lebhaftere Muster, können Sie die Gestaltungstips der vorangegangenen Seiten beherzigen (Seite 42-47). Prächtige Farben und großartige Motive bilden eine perfekte Kulisse für ein ausgedehntes Festessen.

Tischtücher und Servietten

Ein liebevoll gedeckter Tisch mit passend aufeinander abgestimmten Tischtüchern, Tischsets und Servietten lassen – über das kulinarische Ereignis hinaus – das Essen auch zu einem Genuß für das Auge werden. Mit Hilfe von einem oder zwei Stempeln, etwas Stoffarbe und erschwinglichen Stoffen, wie beispielsweise Kaliko, Baumwolle oder Musselin, können Sie ohne große Mühe Ihre eigenen prächtigen Entwürfe realisieren, passend zu jeder Gelegenheit und jedem Geschirr. Sterne auf einem fließenden Musselin beispielsweise wirken romantisch und festlich, während viele bunte Stempel auf einer weißen Tischdecke eine unbeschwerte Fröhlichkeit ausstrahlen.

Bei der Tischdecke auf der Abbildung rechts wurden helles Blau, Grün und Gelb mit einem offenporigen Schwamm auf den Stoff aufgetupft (Seite 13). Anschließend wurde die Tischdecke mit goldenen Früchten bedruckt. Früchte sind ein geeignetes Motiv für Speisezimmer, egal, ob sie auf einen hellen Untergrund oder aber – um einen üppigen Gesamteindruck zu erreichen – auf dunklere, kräftigere Farben gedruckt werden.

Die Anschaffung eines ganzen Sets unterschiedlichster Tischtücher muß kein Vermögen kosten. Stempeln ist der ideale Weg, einem alten Tischtuch, das Ihnen nicht mehr gefällt, einen neuen Anstrich zu geben. Oder Sie nähen eine Tischdecke aus einem einfachen Bettuch. Ein Musselin-Tischtuch mit kleinen Sternen, Muscheln oder Herzen kann besonders hübsch aussehen. Die Servietten werden entweder mit denselben Motiven wie die Tischdecke bedruckt oder aber mit korrespondierenden Motiven (zum Beispiel Fische mit Muscheln, Sterne mit Sonne und Mond).

RECHTS: DIE SCHILLERNDE MEHRFARBIGKEIT DIESER TISCHDECKE WURDE MIT EINER EINFACHEN SCHWAMMTECHNIK REALISIERT. DARAUF WURDEN GOLDENE FRÜCHTE GEDRUCKT.

Dekorative Einzelstücke

Das Bedrucken von Möbeln geht schnell und leicht von der Hand und verhilft deshalb zu einem spontanen Erfolgserlebnis. Auch alte, gebrauchte Möbel sind hervorragend zum Stempeln geeignet. Sie müssen nicht einmal die alte Farbe entfernen. Im Gegenteil: je mehr Schichten Farbe, desto besser. Rauhen Sie die Oberfläche leicht mit Sandpapier auf, damit die Farbe hält. Streichen Sie das Möbel dann mit einer weißen Grundierung. Lassen Sie die Farbe trocknen, und tragen Sie eine Schicht der gewählten Farbe auf. Reiben Sie das Möbel mit Wachs ein. Dann rubbeln Sie an einigen Stellen die Farbe mit Stahlwolle wieder ab, damit die darunterliegenden Farbschichten sichtbar werden. Jetzt können Sie mit dem Drucken beginnen.

Größe und Form des Möbelstücks bestimmen, welches Motiv Sie benutzen. Da die Wände in dem Speisezimmer auf der Abbildung links nur spärlich geschmückt sind, kommen das Tablett, die Anrichte und die Vorhänge, die alle mit demselben Motiv bedruckt wurden, um so besser zur Geltung.

OBEN UND LINKS: WIE VARIABEL EIN EINZELNES MOTIV – HIER EIN FISCH – EINGESETZT WERDEN KANN, ZEIGEN DIESE ABBILDUNGEN.

VIER

Küchen

In einer Küche gibt es viel, was bedruckt werden könnte, Gebrauchsgegenstände ebenso wie rein dekorative Dinge: Tontöpfe, Schüsseln, Platten und Teller. Es liegt nahe, für die Küche Motive zu wählen, die mit Essen zu tun haben wie Früchte, Fische und Gemüse. Oder aber Sie entscheiden sich für Ihr Lieblingsmotiv und Ihre Lieblingsfarbe. Schließlich verbringen viele von uns eine Menge Zeit in der Küche.

Ein rustikaler Anstrich, der mit einigen aufgedruckten Herzen gesprenkelt ist, wirkt warm und heimelig. Um diesen Effekt zu erzielen, streichen Sie die Wand zuerst mit einer hellgelben Dispersionsfarbe. Dafür müssen Sie die Wand vorher nicht präparieren, denn Unregelmäßigkeiten unterstützen den gewünschten Effekt. Dann tragen Sie mit einem feuchten Tuch oder einem Pinsel (dann wird der Auftrag aber gleichmäßiger) mit Wasser verdünnte Farbe in einem Terrakottaton auf. Die Herzen können entweder eher zufällig oder etwas geordneter in versetzten Reihen (Seite 15) aufgedruckt werden.

TELLER UND TÖPFE

Diese attraktiven Teller und Tontöpfe wurden mit Porzellanfarbe bedruckt. Auf die Teller wurden mit einem Schwamm zwei verschiedene Farben aufgetragen und die getrockneten Oberflächen mit einfachen Motiven bedruckt. Die Margerite auf dem linken Teller wird mit zwei Stempeln realisiert: einem einfachen runden Punkt und einem ovalen Blütenblatt. Auch die Blüten auf dem rechten Teller wurden mit zwei Stempeln gedruckt: einem runden und einem Herzstempel. Zum Fixieren der Farbe wurden die Teller dann bei 180 Grad etwa 10 Minuten in den Ofen gestellt. Nach Angabe der Farbenhersteller sind diese Teller lediglich für Dekorationszwecke geeignet und dürfen nur von Hand gespült werden.

Tontöpfe sind praktische Behälter für die verschiedensten Gegenstände, und sie können ganz leicht mit kleinen, einfachen Stempeln bedruckt werden. Allerdings müssen Sie die Töpfe gut festhalten, wenn Sie auf den Rundungen stempeln. Die Tontöpfe auf der Abbildung links wurden entweder nur am oberen Rand, in der Mitte oder auf der gesamten Fläche bedruckt. Sehr lebendig kann es aussehen, wenn man Tontöpfe mit unterschiedlichen Rotfärbungen zu einem Ensemble zusammenstellt. Experimentieren Sie auch mit verschiedenen Farben. Pastellfarben bilden einen hübschen Kontrast zum natürlichen Rotbraun des Tons. Sie können kalte Porzellanfarben oder Dispersionsfarben benutzen.

Wenn Sie die Töpfe in ihrer ursprünglichen Funktion gebrauchen, können Sie sie mit einem stilisierten Motiv der Pflanze bedrucken, die Sie hineinsetzen. Eine Margerite beispielsweise ist schnell aufgedruckt, auch Kräuterblättchen sehen gut aus. Aber vorsicht: Die aufgedruckten Motive vertragen es nicht, kräftig geschrubbt zu werden.

LINKS: DIESES HÜBSCHE ENSEMBLE BESTICHT DURCH SEINE WARMEN ERDTÖNE UND SEINE EINFACHEN, ABER WIRKUNGSVOLL EINGESETZTEN BLÜTENMOTIVE.

Die Farbe ändern

Sie haben sich neue Küchenmöbel gekauft, und nun passen die alten Fliesen nicht mehr? Oder Sie möchten Ihrem bunten Sammelsurium an Dosen, Schüsseln und Kannen ein einheitliches, stilvolleres Gesicht verleihen? Stempeldruck bietet viele Möglichkeiten, eine Küche zu verschönern.

Schwarz und Weiß passen fast zu jeder Küche und geben ihr einen modernen Anstrich. Sie lassen sich hervorragend mit anderen Farben kombinieren, so daß Sie Vorratsdosen, Krüge und Flaschen in allen möglichen Farben aufstellen können, ohne die Farbharmonie zu stören. Ursprünglich waren die Fliesen in dieser Küche blau und weiß. Sie wurden mit deckender weißer Farbe bemalt und mit kalter Porzellanfarbe bedruckt. Auch den jüngeren Mitgliedern der Familie wird diese Farbkombination gefallen, wenn Sie lustige Motive wählen wie etwa die hier abgebildete Kuh.

Die Fensterrollos können auf jede Fenstergröße zurechtgeschnitten werden. Sie wurden mit schwarzer Stoffarbe bedruckt.

OBEN UND RECHTS: WITZIG UND ORIGINELL PRÄSENTIERT SICH DIESE KÜCHE NACH EINER GELUNGENEN VERJÜNGUNGSKUR MIT STEMPELN UND SCHWARZ-WEISSEN FARBEN.

PASSENDE ACCESSOIRES

Küchenutensilien aus Keramik können Sie so dekorieren, daß Sie zu der übrigen Einrichtung und Farbgebung passen. Viele Töpfereien verkaufen unbemalte Ware, die Sie dann nach Ihren eigenen Vorstellungen bedrucken können. Wenn Sie den Stil und die Farbgebung einer Küche in den Accessoires wieder aufnehmen, wirkt sogar eine Standardküche originell und interessant.

Die Kanne, die Tassen und die übrigen Gegenstände auf der linken Seite wurden alle mit Porzellanfarbe bedruckt, die im Ofen fixiert werden muß. Obwohl sie ungiftig ist, sollte sie nicht mit dem Mund in Berührung kommen. Gegenstände mit einem flächendeckenden Muster sind deshalb nur für Dekorationszwecke geeignet. Wenn Sie Tassen bedrucken, aus denen Sie auch trinken wollen, dann stempeln Sie nur auf die Außenseite, lassen aber den oberen Rand unbedruckt. Bei den Tellern, die Sie zum Essen benutzen, dekorieren Sie nur den Rand und lassen die Tellermitte frei.

LINKS: MIT AUSNAHME DER MARGERITE WURDEN ALLE HIER GEZEIGTEN STEMPEL AUS FEINPORIGEM SCHAUMSTOFF GESCHNITTEN.

FÜNF

Schlafzimmer

Es ist möglich, die Farbgebung eines Raumes zu ändern, ohne ihn komplett neu zu gestalten. Picken Sie sich ein Detail heraus, wie beispielsweise den Kamin, den Sie auf der Abbildung links sehen, und bemalen Sie nur diesen Teil in einer zur Wand kontrastierenden Farbe. Nehmen Sie diese neue Farbkombination auf, indem Sie die Wände mit gleichfarbigen Stempeln bedrucken oder, wie hier, die Holzverkleidung entsprechend bemalen.

Die Krone über dem Bett bildet einen warmen Kontrast und eine gelungene Ergänzung zur Bemalung der Holztüren und den gestempelten Schleifen. Ihr sanftes Gelb korrespondiert mit der Farbe der Bettwäsche und dem Muster des Betthimmels.

Die Krone, der Betthimmel und der Kamin wurden mit kleinen Rauten bedruckt, die einen klaren Gegenpol zu den verspielten Schleifen bilden, die sich auch auf der Bettwäsche wiederfinden.

MOTIVE VERBINDEN

Schleifen allein finden Sie vielleicht zu verspielt und affektiert. Wenn sie aber mit einer Raute kombiniert werden, entsteht ein vollkommen anderer Effekt, der an feine karibische Eisenarbeiten erinnert. Auch der Betthimmel aus Musselin verleiht dem Zimmer einen exotischen Hauch. Dieser leichte Stoff ist sehr preisgünstig, Sie können ihn überall bekommen, und er läßt sich gut bedrucken. Sie müssen den Stoff nicht unbedingt an der Krone festmachen, Sie können ihn auch an die Decke hängen oder an einem Stab befestigen und wie ein Segel an der Decke befestigen.

Damit die dekorativen Elemente in diesem Raum nicht zu unterschiedlich werden, wurde Blau als die wichtigste Farbe beibehalten. In diesem Fall sorgen kontrastierende Motive für Abwechslung, ohne zu verwirren.

Hier wurde eine gelbe Raute gewählt, andere Farben würden aber ebenso gut passen, abhängig davon, welcher Gesamteindruck erzielt werden soll. Gold und Silber beispielsweise sehen vornehm aus, und Weiß auf Weiß wirkt sowohl verträumt als auch elegant.

OBEN UND LINKS: BEI DER WAHL DER STEMPEL SOLLTE MAN SICH AUF WENIGE MOTIVE – HIER RAUTE UND SCHLEIFE – BESCHRÄNKEN.

HUTSCHACHTELN

Diese hübschen Schachteln sind praktisch, dekorativ und äußerst hilfreich, will man einem Raum das gewisse Etwas verleihen. Sie sind aus feinem recyceltem Karton, werden unbemalt angeboten und können nach Lust und Laune dekoriert werden.

Die Streifen auf der unteren Schachtel wurden mit einem Roller aufgebracht. Bemalen Sie die Schachtel zuerst mit Streifen in einer Farbe. Wenn die Farbe trocken ist, setzen Sie in die Lücken Streifen einer anderen Farbe. In derselben Technik können Sie auch Querstreifen malen. Verwenden Sie Dispersions- oder Acrylfarbe, die auch zum Stempeln geeignet ist.

Die Deckel der Schachteln geben viel Spielraum für eine originelle Gestaltung. Sie können die Deckel so bedrucken, daß sie perfekt zum Unterteil der Schachtel passen. Sie können sie aber ebensogut kontrastierend dazu bemalen. Drucken Sie nur ein Motiv in die Mitte des Deckels; oder bedrucken Sie ihn flächig – dann lassen Sie vielleicht das Unterteil der Schachtel unbedruckt. Die zarte Goldbordüre am Deckel der mittleren Schachtel ist ein wirkungsvolles Detail; sie wurde ebenfalls mit einem Roller aufgemalt. Dafür wurde der Roller von unten vorsichtig an der Kante entlanggeführt.

Wenn Sie Goldfarbe benutzen wollen, sollten Sie auf die richtige Qualität achten. Stempelfarbe ist am besten geeignet. Tinte kann ebenfalls benutzt werden, obwohl die Wirkung nicht so stark ist wie bei der Stempelfarbe, denn sie hat nicht denselben Glanz. Wenn die Schachtel vollständig bemalt ist, lassen Sie die Farben trocknen. Dann überziehen Sie die Schachtel zum Schutz mit einem Acryllack.

RECHTS: AUCH DETAILS WIE DIESE BEZAUBERNDEN HUTSCHACHTELN SIND IN DEN FARBEN DES SCHLAFZIMMERS BEDRUCKT.

EINFACHHEIT

Das Schlafzimmer ist der intimste Raum einer Wohnung, es spiegelt vielleicht am deutlichsten die Persönlichkeit seines Bewohners wider. Die Gestaltung dieser ruhigen Oase sollte zurückhaltend sein. Wenige, gut aufeinander abgestimmte Dekorationselemente unterstreichen ihre Funktion.

Dezent und schlicht wirkt eine gestempelte Umrandung von Tür oder Fenster (Seite 7). Ruhige goldene Sterne auf weißem Grund sehen besonders schön aus. Ebenfalls hübsch ist Kobaltblau oder Gold und Silber auf Blau. Wenn die Decke über und über bedruckt ist, sollte die Wand unbedruckt bleiben.

Zurückhaltung bei der Gestaltung der Wände sollten Sie vor allem dann üben, wenn Sie auch Möbel und Bettwäsche bedrucken wollen. Einige vereinzelte Motive auf einem Nachttischchen, wie auf der Abbildung links, bereichern die Dekoration eines Raumes auf einfache und liebenswerte Weise.

Weiße Bettwäsche ist wesentlich günstiger als gemusterte oder farbige, vorausgesetzt, Sie nehmen nicht teures Leinen oder Ägyptische Baumwolle. Oder Sie nähen Bettwäsche aus weißem Stoff, den Sie meterweise kaufen können. Waschen und bügeln Sie den Stoff, und legen Sie ihn zum Bedrucken flach auf einen großen Tisch oder den Boden.

OBEN UND LINKS: EINIGE WENIGE, SORGFÄLTIG PLAZIERTE STERNE VEREDELN DIESEN NACHTTISCH, OHNE AUFDRINGLICH ZU WIRKEN.

SECHS

Badezimmer

Badezimmer und Toiletten können am ehesten etwas üppiger dekoriert werden. Dies ist der ideale Ort für ausgefallene Ideen und kleine Experimente. Wenn Sie mit der Stempeltechnik noch wenig Erfahrung haben, beginnen Sie am besten mit diesen meist nur wenige Quadratmeter einnehmenden Räumen. Hier können Sie Ihrer Phantasie freien Lauf lassen, nach Lust und Laune losstempeln oder aber genau das Badezimmer realisieren, das Sie schon immer haben wollten. Ein kleines Badezimmer kann an einem einzigen Abend vollkommen verändert werden, also: Warum schalten Sie nicht das Radio ein, nehmen Ihre Stempel und legen los?

Beinahe alles wurde in diesem kleinen, hübschen Badezimmer bedruckt: Wände, Fußboden, Fliesen, Möbel, Rollo und sogar der Spiegel wurden mit zwei Stempeln und mehreren hellen Farben geschmückt. Wenn Sie eine etwas zurückhaltendere Dekoration bevorzugen, können Sie Fußboden, Fliesen oder Wannenverkleidung weiß lassen.

Holzfussboden und Regal

Die Fußböden aus Kiefernholz wurden grundiert und mit Holzfarbe bemalt. Auf die vollkommen trockene Farbe wurde dann mit Stempelfarbe gedruckt. Wie Sie in der Abbildung unten erkennen können, wurden die Sterne nicht in gleichmäßigen Abständen plaziert, sondern ganz bewußt nur nach Augenmaß aufgedruckt, um einen lockeren, ungezwungenen Gesamteindruck zu erzielen. Nach dem Trocknen der Stempelfarbe erhielt der Boden noch einen Überzug aus zwei Schichten mattem Lack.

Der Anstrich des Regals besteht aus einer Grundierung mit brauner Holzfarbe und einer weiteren Schicht in Karibisch-Pink, das mit einem trockenen Pinsel in groben Strichen sparsam aufgetragen wurde. Die Farbe sollte nicht zu kräftig wirken. Zwei farblich kontrastierende Stempel schmücken die obere Leiste und die helle Rückwand. Die Wände des Badezimmers erhielten einen mintgrünen Anstrich. Darauf wurde mittelblaue, mit Wasser verdünnte Farbe mit einem Pinsel zügig aufgetragen.

LINKS: DER UNREGELMÄSSIGE UND NICHT VOLLSTÄNDIG DECKENDE ANSTRICH MACHT DEN REIZ DIESES REGALS AUS.

BADEZIMMER-ACCESSOIRES

Die Kombination von Gold und Weiß wirkt sehr edel und vornehm. Gold paßt hervorragend zu Messingarmaturen, Silber zu Chromarmaturen. Es ist nicht schwierig, Badezimmer-Utensilien zu finden, die mit Gold verziert sind, wie beispielsweise der Zahnputzbecher auf der Abbildung rechts. Sie können aber auch weiße Zahnputzbecher und Seifenschalen mit goldener Porzellanfarbe selbst bedrucken. Auch die Außenseite des Waschtisches gibt einen brauchbaren Untergrund ab. (Die Innenseite eignet sich weniger zum Bedrucken, da die Farbe vom Wasser bald wieder entfernt würde.)

Das Motiv auf dem Zahnputzbecher bildet einen Kontrast zu dem abstrakten Kreuzmotiv, das überall im Badezimmer aufgestempelt wurde. Wenn es Ihnen nicht gefällt, bedrucken Sie Ihren Becher mit einem anderen Motiv, beispielsweise einem Detail aus dem Kreuz. Sie können das Kreuz aber auch mit einem eher klassischen Motiv kombinieren, beispielsweise einer Lilie. Auch Muscheln eignen sich gut für ein Badezimmer.

RECHTS: DAS KREUZMOTIV WIRKT AM SCHÖNSTEN, WENN ES SPARSAM EINGESETZT WIRD, ETWA ALS BORDÜRE OBERHALB DER KACHELN ODER AUF EINZELNEN FLIESEN.

HOT

HANDTÜCHER

Ein maritimes Flair erhält Ihr Badezimmer, wenn Sie die Motive auf den vorhergehenden Seiten durch Fische, Muscheln oder Boote ersetzen. Auch das goldene Kreuz auf der vorhergehenden Seite kann durch kleine goldene Muscheln ersetzt werden; dann wirkt die Wand wie ein stilisierter Küstenstreifen.

Die links abgebildeten Leinen-Handtücher stammen von einer Versteigerung, wo man häufig noch gutes altes Leinen erwerben kann. Sie können aber auch Leinenhandtücher aus alten leinenen Kissenhüllen, Bettüchern oder Tischdecken nähen. Leinentaschen und Bademäntel sehen ebenfalls hübsch aus, wenn sie mit kleinen Fischen verziert werden. Frottee-Handtücher eignen sich nicht zum Bedrucken, denn auf der rauhen Oberfläche haftet die Farbe nur schlecht.

Wenn Sie Blaugrau als zu kühle Farbe empfinden, fügen Sie einfach noch etwas Gelb hinzu, dann wird der Ton ein bißchen wärmer (Achtung: Durch zuviel Gelb wird die Farbe grün!). Passend zu den Handtüchern sehen Sie unten mit kalter Porzellanfarbe bedruckte Fliesen.

OBEN UND LINKS: DURCH BLAUE STOFFARBE UND MARITIME MOTIVE ERHIELTEN DIESE ALTEN LEINENTÜCHER EINEN NEUEN AUFTRITT.

SIEBEN

Kinder-zimmer

Stempeldruck ist so einfach, daß er sich für die Dekoration von Kinderzimmern geradezu anbietet. Im Vergleich zu anderen Räumen der Wohnung ändert sich die Dekoration dort, entsprechend der Entwicklung der Kinder, schneller. Sie werden sich leichter zu einer Änderung durchringen können, wenn diese Sie nur wenige Stunden Arbeit kostet und Sie dafür keine teuren Designerstoffe kaufen müssen.

Ein ganzer Zoo hat in diesem Zimmer seinen Platz gefunden. Die lustigen Tiermuster sind farbenfroh, kindgerecht und gleichzeitig sehr geschmackvoll. Bunt verstreut wurden die Motive in unterschiedlichen Farben auf eine weiße Kissenhülle und eine weiße Bettdecke gesetzt. Die Vorhänge sind aus preiswertem Futterstoff und wurden passend zur Bettwäsche bedruckt. Die Abschlußbordüre bilden kleine Mäuse, die an der Wand zusammen mit den Krokodilen wieder auftauchen.

Auf unbehandeltem Holz drucken

Es ist fast zu schade, die natürliche Maserung von massivem Holz hinter einer deckenden Farbschicht zu verstecken. Die warme Farbe und die lebendige Struktur des Holzes sind ein idealer Untergrund zum Stempeln. Hier stellen sie die Kulisse für eine lustige Karawane von Mäusen, Tigern, Zebras und Giraffen. Diese hübsche Kommode wurde vor dem Drukken leicht gewachst. Da Stempelfarben verwendet wurden, konnte direkt auf die gewachste Oberfläche gedruckt werden. Stempelfarben sind sehr haltbar und müssen nicht lackiert werden. Wenn Sie mit normalen Deckfarben stempeln, können Sie direkt auf die unbehandelte Holzfläche drucken und diese anschließend mit einer Schicht Klarlack überziehen.

Das Giraffen- und Tigermotiv wirken durch die von Hand und in einer Kontrastfarbe aufgemalten Flecken und Streifen plastischer. Diese Technik können Sie bei jedem Stempelmotiv anwenden, wenn Sie ein Motiv zweifarbig anlegen möchten. Sie ist besonders zu empfehlen, wenn Sie eine große Fläche mit einem einzigen Motiv bedrucken, denn es gibt dem Druck mehr Leben und Tiefe. Die Kommode hätte auch zunächst bemalt und dann bedruckt werden können wie der Stuhl im Vordergrund. Geeignete Motive für ein Kinderzimmer sind auch Clowns, Tiere vom Bauernhof, Früchte und Gemüse oder Zahlen und Buchstaben.

LINKS: MIT DIESER ORIGINELLEN KOMMODE UND IHREN LUSTIGEN TIERMOTIVEN MACHT AUFRÄUMEN RICHTIG SPASS!

AUF FARBIGEN MÖBELN DRUCKEN

Möbel können so oft bemalt werden, wie Sie wollen, oder Ihr Kind kann es selbst tun, wenn es älter wird. Vor einer weißen oder einfarbig bemalten Wand wirken diese dekorativen Blickpunkte am besten. Unattraktive Möbel können mit Farbe und Stempel vollkommen verwandelt werden, selbst häßliche alte Schränke vom Sperrmüll. Das Bedrucken bemalter Möbel ist relativ einfach, denn Fehler können mit einem Tuch leicht wieder entfernt werden (Seite 18).

Farben und Motive auf dieser Truhe können ein Kind von der Geburt bis ins Teenageralter hinein begleiten. Sie wurde mit seidenmattem Lack bemalt, der trockene Lack anschließend mit Stempelfarben bedruckt. Die Sternen-Bordüre bildet einen strengen Kontrast zu den Elefanten- und Palmenmotiven.

RECHTS: DER LAMPENSCHIRM WURDE MIT WEISSEM PAPIER BEKLEBT UND MIT ZWEI MOTIVEN, DIE AUCH AUF DER BETTDECKE UND DEN VORHÄNGEN VORKOMMEN, BEDRUCKT.

EIN KLEINKINDERZIMMER

Das farbenfrohe und doch dezente Design der Kiste und der bedruckten Stoffe verleiht diesem Kleinkinderzimmer eine freundliche, liebenswerte Atmosphäre. Da man eine Baby-Einrichtung meist nicht länger als zwei Jahre benötigt, bietet es sich an, die Bettwäsche und die sonstigen Accessoires dieses Raumes selbst zu gestalten.

Das hübsche Set wurde aus einem weißen Baumwollstoff genäht und mit pastellfarbenen Herzen bedruckt, die sich für Jungen und Mädchen gleichermaßen eignen. Nähen Sie am Nestchen lange Bänder fest, mit denen Sie es am Bettchen befestigen können, so daß das Kind es nicht entfernen kann.

Wenn Sie die Bettwäsche bedruckt haben, können Sie auch Möbel und andere Gegenstände passend dazu dekorieren, damit ein harmonischer Gesamteindruck entsteht. Vorhänge, Spielzeugkisten oder Tabletts, auf denen Sie Babycreme, Puder und Öl bereitstellen, sind leicht zu bedrucken.

LINKS: EINE FREUNDLICHE, HELLE ATMOSPHÄRE ZEICHNET DIESES KINDERZIMMER AUS.

Eine gemütliche Bettnische

Dies ist tatsächlich derselbe Raum, der auch auf der vorhergehenden Seite abgebildet ist, allerdings ohne Kinderbett; er zeigt die zweite Phase eines Kinderzimmers. Das Bett wurde aus mittelfesten Hartfaserplatten nach Maß gefertigt, damit es in einen Alkoven paßt und der kleine Raum so optimal genutzt wird.

Das hübsche Margeriten-Motiv wurde mit Stempelfarbe aufgedruckt, die sowohl für Wände als auch für Stoffe geeignet ist. Das Motiv würde auch in Gelb, blassem Blau oder in unterschiedlichen Farben sehr schön wirken. Sie können die Mitte der Margerite von Hand mit einer anderen Farbe ausmalen, dies macht den Druck lebendiger. Oder Sie drucken weiße Blüten auf eine farbig gestrichene Wand. Damit das Motiv nicht zu eintönig wirkt, wurde die Wand in versetzten Reihen, die Vorhänge in gleichmäßigen, weit auseinanderliegenden Reihen und die Bettdecke mit enger beeinanderliegenden Motiven bedruckt.

Statt pastellfarbener Töne können Sie auch zu kräftigeren Farben wie ein reines Gelb, Rot, Blau oder Grün greifen und das zarte Blütenmotiv durch Boote, Fische oder andere einfache Formen, an denen Kinder ihren Spaß haben, ersetzen.

RECHTS: HIER PASST ALLES ZUSAMMEN: WAND, VORHANG UND BETTDECKE BILDEN EIN HARMONISCHES GANZES UND LADEN ZUM TRÄUMEN UND VERWEILEN EIN.

Vorlagen

So können Sie die Vorlagen benutzen: Wählen Sie ein Motiv aus. Wenn es größer oder kleiner sein soll als abgebildet, vergrößern oder verkleinern Sie es entsprechend mit einem Fotokopiergerät. Paßt die Größe, können Sie das Motiv direkt von diesen Seiten abpausen.

So übertragen Sie das Motiv: Legen Sie Transparentpapier auf die Vorlage. Zeichnen Sie die Konturen mit einem weichen Bleistift nach. Dann legen Sie das Papier, mit der Vorderseite nach unten, auf dünnen Karton und pausen die Konturen durch Nachzeichnen der nun spiegelbildlich erscheinenden Bleistiftlinien ab.

2

1

3

4

6

5

7

1 Stern (Seite 33, 34, 41, 60-61, 86)
2 Muschel (Seite 78)
3 Muschel (Seite 69)
4 Herz (Seite 26, 28, 38, 58, 60-61, 78, 86)
5 Seestern (Seite 69)
6 Palme (Seite 49, 85)
7 Paisley-Motiv (Seite 47, 49)

1

2

3

4

5

6

7

8

1 Schleife (Seite 66, 69, 78)
2 Kuh (Seite 60-63)
3 Raute (Seite 67, 74-75)
4 Stern (Seite 45, 70-71)
5 Margerite (Seite 28, 32, 58, 62, 89)
6 Weintraube (Seite 53)
7 Stern (Seite 74-75)
8 Stechpalmenzweig (Seite 34)

1

2

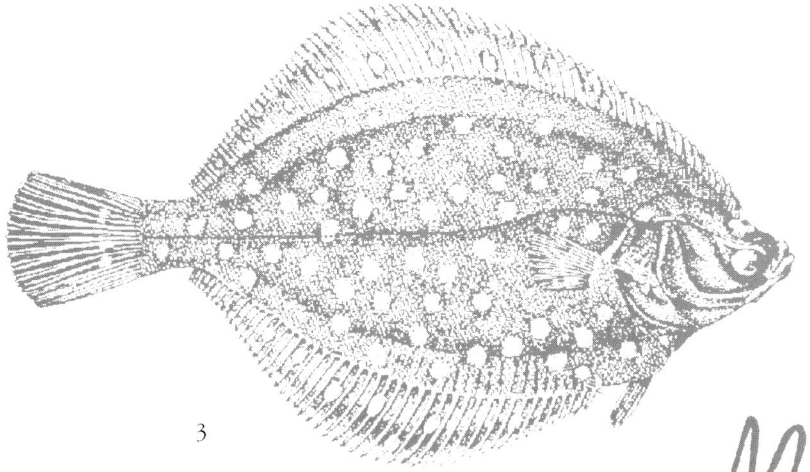

3

4

5

6

7

8

9

1 Krokodil (Seite 82)
2 Stern (Seite 44)
3 Fisch (Seite 54)
4 Krone (Seite 45, 46)
5 Zebra (Seite 82)
6 Blüte (Seite 29)
7 Elefant (Seite 82, 85)
8 Lilie (Seite 44)
9 Kreuz (Seite 77)

BEZUGSADRESSE

Neben den in diesem Buch vorgestellten Stempeln können Sie über »The English Stamp Company« Stempel mit weiteren Mustern und Motiven beziehen. Sie erhalten dort multifunktionale Stempelfarben in vielen Farbtönen, mit denen Sie sowohl Wände als auch Stoffe, Papier und Holz bedrucken können. Laut Herstellerangabe sind die Farben wasserlöslich und ungiftig. Außerdem fertigt »The English Stamp Company« für Sie Stempel nach Ihrer Wahl. In Deutschland werden die Produkte von »The English Stamp Company« von der unten genannten Firma vertrieben. Dort erhalten Sie auch einen ausführlichen Katalog.

Kirchner
Norderster Weg
25899 Kleiseerkoog via Niebull
Tel.: 04661 2233
Fax: 04661 2394